Cambios en la materia

por Marcia K. Miller

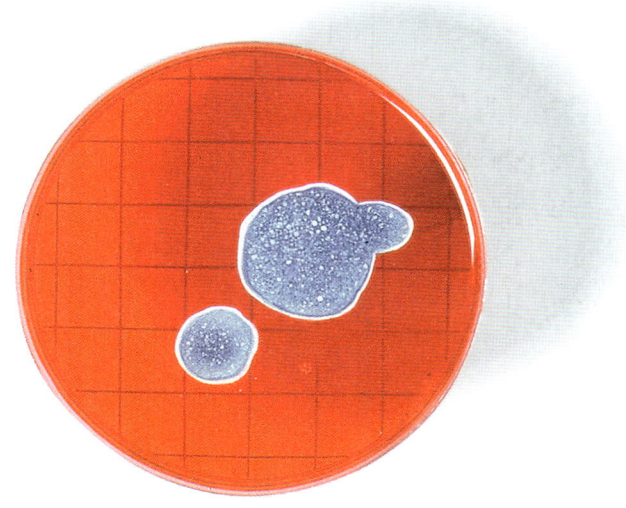

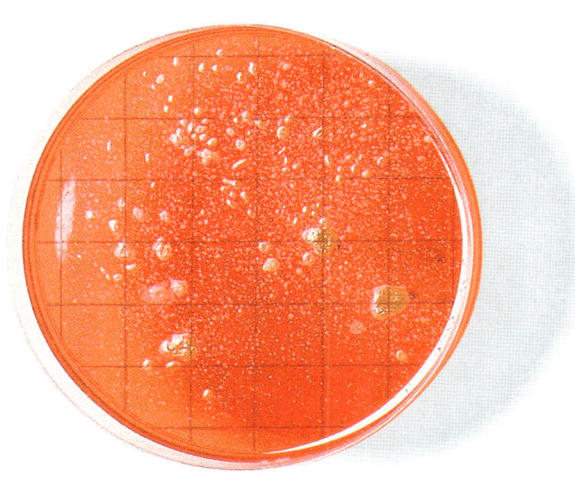

¿Qué son los cambios químicos?

Cambios físicos y cambios químicos

La materia cambia todo el tiempo. Los cambios pueden ser de dos tipos. Cuando se produce un **cambio físico**, la sustancia mantiene su identidad. Algunos cambios físicos son cambios de tamaño, de forma, de volumen y de posición. También pueden ser cambios del estado de la materia. Por ejemplo, las gotas de lluvia pueden congelarse y formar aguanieve. Esto puede cambiar su tamaño, forma, volumen y estado. Pero la lluvia y la aguanieve están formadas por la misma sustancia. Ambas son agua.

Un **cambio químico** ocurre cuando una sustancia o un tipo de materia se convierte en otro tipo de materia. No es igual que antes. La nueva materia tiene otras propiedades.

Mira la ilustración de este viejo timón de barco. El timón estaba hecho de hierro. El barco se hundió en el mar y el timón de hierro pasó muchos años sumergido en el mar. Con el tiempo, el hierro en la superficie del timón sufrió un cambio químico. Se convirtió en otro material llamado óxido de hierro. A este compuesto se le suele llamar simplemente óxido. Las propiedades físicas y químicas del óxido son diferentes a las del hierro.

El material de este timón de barco sufrió cambios químicos.

Evidencias de cambios químicos

Cuando ocurre un cambio químico, los átomos se acomodan de manera distinta y forman nuevos tipos de materia. No siempre es fácil saber si una sustancia ha sufrido un cambio químico. La evidencia de un cambio químico puede ser un cambio de color. También puede ser la formación de un sólido o un gas.

Cuando el hierro se oxida, sufre un cambio químico. Te das cuenta de esto porque el color ha cambiado. El metal gris se ha puesto marrón rojizo.

Deja caer una tableta antiácida en un vaso de agua. Verás un cambio químico. La tableta hace efervescencia en el agua. Libera muchas burbujitas. Estas burbujas están formadas por dióxido de carbono. Las tabletas antiácidas sólidas no contienen ningún gas. El gas se forma cuando los compuestos de la tableta sufren un cambio químico.

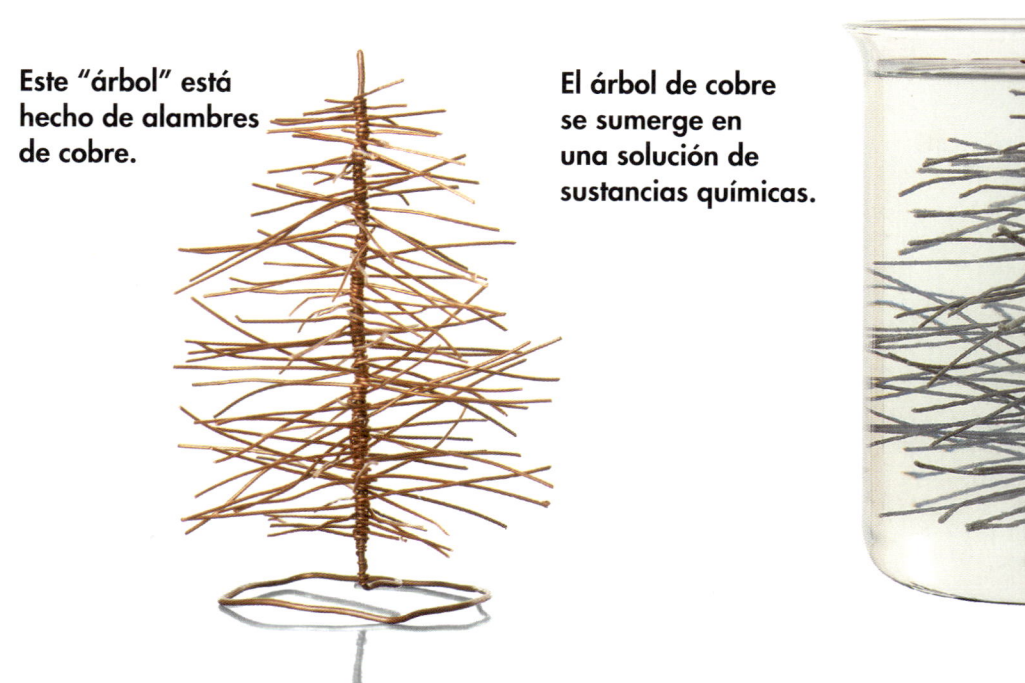

Este "árbol" está hecho de alambres de cobre.

El árbol de cobre se sumerge en una solución de sustancias químicas.

Cambios químicos y cambios energéticos

Los cambios químicos afectan las uniones entre los átomos o entre las moléculas. Hay algunos cambios químicos que rompen estas uniones. Otros forman nuevas uniones. Cada vez que se forman o se rompen las uniones químicas, hay un intercambio de energía. Algunos materiales absorben energía cuando cambian. Otros la liberan.

A veces, podemos observar cómo se producen los cambios energéticos. ¿Has visto alguna vez cómo se quema un leño en la chimenea o en una estufa de leña? Cuando se quema el leño, ocurre un proceso químico llamado **combustión.** Durante la combustión, el leño que se quema libera energía. Podemos sentir el calor y ver la luz que emite el fuego. En otras reacciones, es posible que se libere energía en forma de energía eléctrica.

Un cambio químico ha causado que se formen estos cristales sólidos. Mira la punta del árbol. ¿Por qué no ha cambiado?

Algunas reacciones químicas

Ecuaciones químicas

Durante una reacción química, una o más sustancias se convierten en sustancias distintas. Las nuevas sustancias tienen propiedades químicas y físicas diferentes. Toda sustancia que se usa en una reacción es un **reactivo.** Toda sustancia que resulta de una reacción se llama **producto.** Los reactivos sufren un cambio químico. Sus átomos se reorganizan para formar los productos.

Mira la ilustración. La electricidad fluye desde la batería. Fluye a través de los cables hasta el agua en la jarra. El flujo de electricidad da inicio a una reacción química. Hace que los átomos de las moléculas de agua se reorganicen. El agua se descompone en oxígeno e hidrógeno. Puedes ver las burbujas de gas a medida que suben. El agua es el reactivo. El oxígeno y el hidrógeno son los productos.

Una batería suministra la energía para la reacción.

Una **ecuación química** expresa lo que sucede durante una reacción química. Al igual que las ecuaciones matemáticas, una ecuación química tiene dos lados. Los reactivos se colocan a la izquierda. Los productos se colocan a la derecha. Hay una flecha entre los reactivos y los productos. Cuando lees la ecuación en voz alta, dices "da como resultado" donde se encuentra la flecha. La ecuación química de dos moléculas de agua que se convierten en dos de hidrógeno y una de oxígeno es así:

$$2\ H_2O \longrightarrow 2\ H_2 + O_2$$

agua   hidrógeno   oxígeno

reactivo   **productos**

  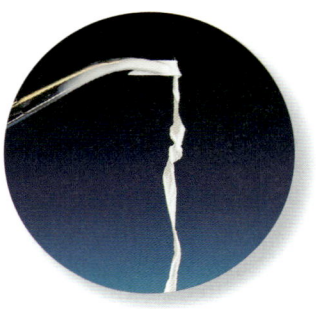

El magnesio es un metal gris. El oxígeno es un gas incoloro.

El magnesio se puede combinar con el oxígeno. Ambos son reactivos. La luz brillante y el calor indican que se está produciendo una reacción.

El producto es óxido de magnesio. Sus propiedades son distintas a las de los reactivos.

El magnesio es un metal gris. Se usa para hacer fuegos artificiales. A temperaturas altas, el magnesio reacciona con el oxígeno del aire. Se quema y emite una luz blanca radiante. Al continuar la reacción química, se forma un polvo blanco. Este polvo se llama óxido de magnesio. Es el producto de la reacción entre el magnesio y el oxígeno. Esta es la ecuación que muestra la reacción:

$$2\ Mg + O_2 \longrightarrow 2\ MgO_2$$

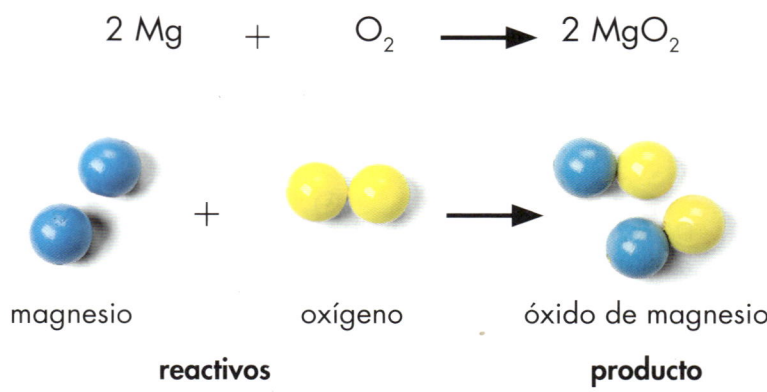

magnesio + oxígeno → óxido de magnesio

reactivos   **producto**

La materia siempre se conserva

La materia no se destruye durante una reacción química. Tampoco se crea. Simplemente cambia de forma. Este principio se llama ley de conservación de la masa. Establece que la masa total de los reactivos es igual a la masa total de los productos.

Imagina que haces un pastel. Mezclas todos los ingredientes. Lo cueces en un horno caliente. La masa de los ingredientes es igual a la masa del pastel más la masa del vapor de agua, el dióxido de carbono y los demás gases residuales que salen del pastel al hornearlo. Estos gases son lo que hueles cuando abres el horno.

La materia se conserva cuando horneas un pastel.

Tipos de reacciones químicas

Un modelo puede ayudarte a entender mejor una reacción química. Vamos a usar camiones y remolques como modelo del comportamiento de los átomos.

En las reacciones de descomposición, los compuestos se separan. Cuando esto sucede, forman compuestos más pequeños. También pueden formar elementos básicos. Imagínate un camión que se suelta de su remolque. Se han separado. ¿Recuerdas cómo hizo la electricidad que el agua se dividiera? El agua se descompuso en dos gases distintos.

En las reacciones de combinación, los elementos o los compuestos se unen y forman nuevos compuestos. Imagínate un camión al que se le acopla un remolque. Este tipo de reacción se produce cuando el hierro y el azufre se unen. Forman un nuevo compuesto llamado sulfuro de hierro. Mira las ilustraciones de estas páginas para ver este tipo de reacción.

El hierro es un material magnético oscuro.

El azufre es un polvo amarillo. No es magnético.

Cuando el hierro y el azufre se calientan juntos, se produce una reacción química.

En una reacción de sustitución, al menos una molécula se divide. Cuando esto sucede, las partes pueden cambiar de lugar. Imagina dos camiones que intercambian sus remolques.

Un ejemplo de una reacción de sustitución es la quema de una vela. Una vela está hecha de cera. Algunos tipos de cera para velas están formadas por moléculas alargadas que contienen átomos de carbono y de hidrógeno. Cuando la cera se quema, las moléculas alargadas y las moléculas de oxígeno se dividen. Sus partes se unen para formar nuevos compuestos, por ejemplo, dióxido de carbono y agua.

reacción	modelo
descomposición	○● ➡ ○ + ●
combinación	○ + ● ➡ ○●
sustitución	○○ + ●● ➡ ○● + ●○

El hierro y el azufre se calentaron juntos. La reacción creó un compuesto nuevo. El producto no es magnético.

¿Cómo se usan las propiedades químicas?

Separar mezclas

Puedes usar métodos físicos para separar las sustancias de algunas mezclas. Es fácil separar una mezcla de sal y pimienta. Esto se debe a que tienen propiedades físicas diferentes. Muchas sustancias también tienen propiedades químicas diferentes. Puedes usar estas diferencias para separar mezclas.

Los fósiles no reaccionan con el vinagre. Pero la piedra caliza que los rodea sí reacciona.

Los fósiles generalmente aparecen dispersos en la piedra caliza. Para estudiar los fósiles, los científicos tienen que sacarlos de la piedra. Es difícil separar la piedra del fósil sin que éste se dañe. Los fósiles y la piedra caliza tienen propiedades químicas diferentes. El vinagre reacciona con la piedra caliza, pero no con los fósiles. El vinagre hace que la piedra caliza se disuelva y el fósil se desprenda poco a poco. De esta manera los científicos usan las propiedades química para separar mezclas.

Separar los metales de las menas

Las menas son rocas que contienen metales. Los metales suelen estar mezclados con otras sustancias. Se usa la química para separarlos.

En las menas de hierro hay óxido de hierro. Si se coloca una mena de hierro en un horno caliente junto con carbón sólido, se produce una reacción química. Se obtienen dos productos. Uno es hierro puro. El otro es dióxido de carbono. Esto sucede porque el oxígeno forma uniones más fuertes con el carbón que con el hierro.

Los científicos pueden usar las propiedades químicas para separar los elementos que componen una solución. Por ejemplo, pueden extraer plomo de una solución que contiene agua y otros materiales. ¿Cómo lo hacen? Vierten la solución con plomo en un recipiente. El recipiente contiene una solución de yodo. Al principio, ambas soluciones son líquidos transparentes. En cuanto se mezclan, el plomo reacciona con el yodo. Se forma un nuevo compuesto. Este compuesto es un sólido de color amarillo llamado yoduro de plomo. Ahora es fácil separar el yoduro de plomo del líquido con un filtro.

El hierro se separa químicamente de la mena de hierro en un alto horno.

Identificar sustancias

Los científicos se valen de las propiedades químicas para identificar sustancias. Las ilustraciones de abajo muestran una manera de hacerlo.

Los ácidos y las bases son dos tipos de sustancias muy comunes. El jugo de limón y el vinagre son ácidos. Los productos de limpieza pueden contener bases. Los ácidos y bases fuertes reaccionan con otras sustancias más fácilmente que los ácidos y bases débiles.

Los ácidos y las bases tienen propiedades químicas que nos ayudan a identificados. Ambos reaccionan con las sustancias químicas de un papel especial llamado papel indicador universal. Estas reacciones hacen que el papel cambie de color. Con los ácidos fuertes se pone rojo. Con las bases fuertes se pone violeta. Con los ácidos o las bases débiles se pone de otros colores.

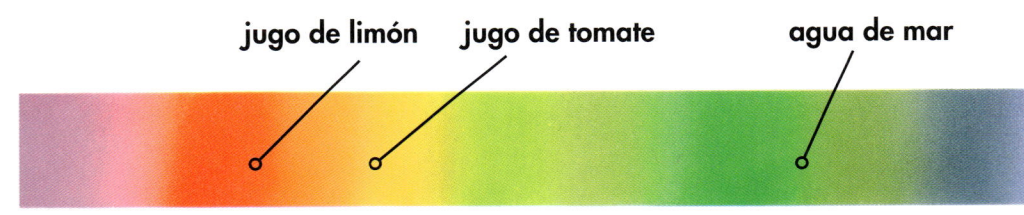

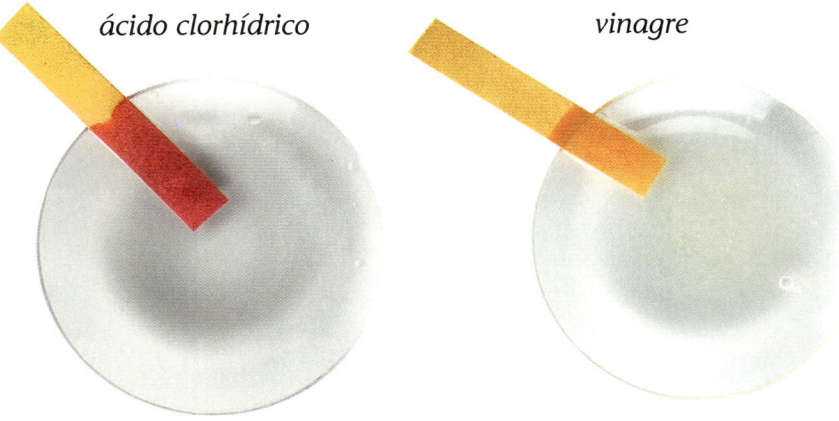

ácido clorhídrico *vinagre*

Las herramientas como el papel indicador universal son muy útiles. Pero no proporcionan todos los detalles necesarios. Son muchos los ácidos que hacen que el papel indicador se ponga rojo. Muchas bases hacen que se ponga violeta. El papel indicador es útil, pero se necesitan otras pruebas.

Los científicos a veces realizan la prueba de llama para identificar sustancias. Calientan el material sobre una llama. Observan los distintos colores de la llama. Cada sustancia hace que la llama se ponga de un color diferente. Los científicos utilizan equipos de laboratorio para estudiar las llamas.

Las frutas como las naranjas y los limones contienen ácido.

Los jabones pueden contener bases.

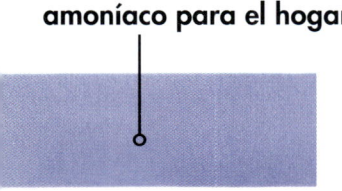

amoníaco para el hogar

agua de llave   *limpiador para el hogar*   *jabón líquido*

¿Qué usos tiene la tecnología química en nuestra vida?

Química y salud

¿Sabías que hace mucho tiempo las personas morían a causa de una simple cortadura? Las bacterias entraban en el cuerpo a través de la herida. Se producía una infección. La infección podía extenderse hacia la sangre. No había forma de evitarlo.

Esto cambió en 1928, cuando el científico británico Alexander Fleming realizó un descubrimiento por casualidad. Cultivó bacterias en unas cajas especiales para estudiarlas. Una de las cajas se contaminó con moho. Fleming notó que las bacterias que estaban cerca del moho habían muerto. Descubrió que el moho producía una sustancia que mataba las bacterias. Fleming llamó a esta sustancia *penicilina*, ya que éste era el nombre del moho. Los científicos lograron aislar la penicilina del hongo. También descubrieron cómo producirla en masa. Los medicamentos que combaten las bacterias se llaman *antibióticos*.

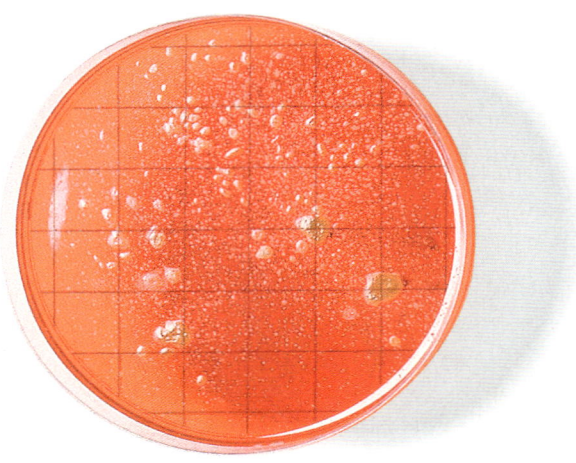

Las bacterias crecen en una caja de Petri.

Los científicos han mejorado nuestras vidas de otras formas. Hace años, muchas personas contraían enfermedades que hoy son muy poco comunes. Algunas de estas enfermedades causaban problemas serios de salud o incluso la muerte. Hoy en día, casi nadie sufre de estas enfermedades. ¿Por qué?

Los científicos descubrieron que estás enfermedades podían evitarse si las personas comían determinados alimentos. Pudieron identificar las sustancias de los alimentos que curaban estas enfermedades. Les dieron el nombre de *vitaminas*. Muchos de los alimentos que comemos en la actualidad vienen reforzados con vitaminas. Hoy en día, las enfermedades producidas por la falta de vitaminas son poco frecuentes en este país.

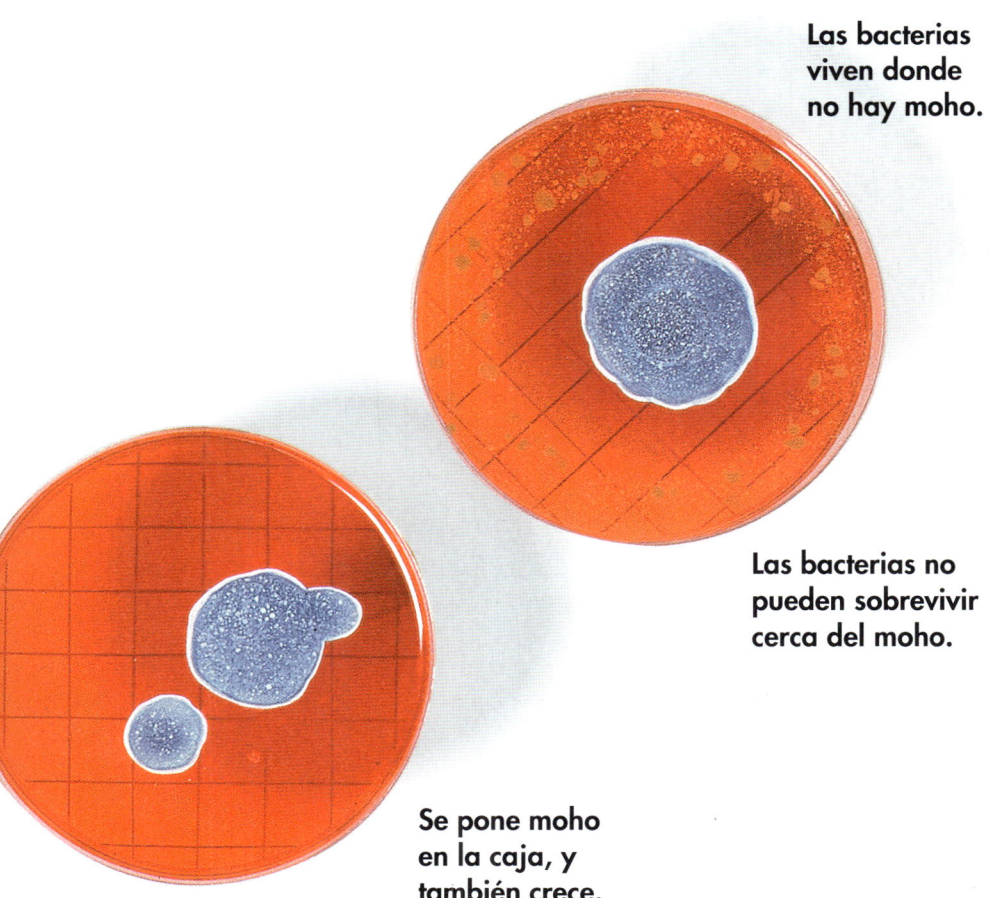

Las bacterias viven donde no hay moho.

Las bacterias no pueden sobrevivir cerca del moho.

Se pone moho en la caja, y también crece.

La química y los nuevos materiales

Muchos de los materiales que usas a diario provienen de la naturaleza. El algodón de tus jeans viene de una planta. La lana es pelo de oveja. Pero algunos materiales no se encuentran en la naturaleza. ¡Los inventaron los científicos!

La seda es una fibra fuerte, suave y lisa. Pero su producción es muy costosa. Los hilos provienen de los capullos de los gusanos de seda. Hay que devanar los capullos para extraer el hilo de seda. Es una tarea muy lenta. Los primeros intentos de hacer seda artificial no fueron exitosos.

A mediados de la década de 1930, un químico estadounidense creó con éxito un sustituto de la seda. La llamó nylon. Pronto el nylon se empezó a usar para hacer cuerdas, redes, sedales para cañas de pescar y ropa.

El nylon es un polímero. Un polímero es una molécula grande, compuesta de muchas unidades idénticas unidas en largas cadenas. Un **polímero** puede contener miles o incluso millones de unidades en una misma cadena.

El hilo de nylon se extrae de la solución.

Esto es un corazón artificial. Está hecho de metal y plástico.

Los plásticos son otro tipo de polímero. Hay muchos tipos de plástico. Muchos se hacen con sustancias químicas que hay en el petróleo crudo. Los plásticos son útiles porque son livianos. Duran mucho tiempo y son resistentes a la corrosión. Su producción no es costosa.

El ingrediente principal del hormigón es el cemento. El cemento es un material artificial. Para hacer hormigón se mezclan cemento, arena, grava y agua. Cuando el cemento se seca, se produce una reacción química. El producto resultante es duro como una roca. Dura mucho tiempo.

Los químicos han inventado diferentes tipos de hormigón. Le añaden ciertas sustancias químicas para lograr que el hormigón se endurezca en condiciones muy frías. Le añaden otras sustancias para que el hormigón sea más fuerte. A otros tipos de hormigón se les añaden fibras para que tenga menos grietas.

La química y el transporte

¿Cómo llegaste a la escuela hoy?¿Sabías que los químicos te ayudaron? Pues sí, ¡es verdad! La química nos ha dado un material que es muy útil para el transporte: el caucho. El caucho se usa para fabricar neumáticos y suelas de zapatos. El caucho natural proviene de las plantas. Es flexible e impermeable. Pero cuando el caucho natural se enfría, se endurece y se agrieta. Cuando hace calor, se derrite y se pone pegajoso.

En el siglo XIX los químicos hicieron experimentos con el caucho. Lo calentaron y le agregaron azufre. Con este proceso se elaboró un caucho que se podía usar todo el año. A mediados del siglo XX, los químicos llevaron esto un paso más allá. Aprendieron a producir caucho artificial.

Las refinerías de petróleo usan los cambios físicos y químicos del petróleo crudo para elaborar muchos productos.

La química es importante para el transporte de muchas otras maneras. Los científicos obtienen muchos productos del petróleo crudo. El petróleo crudo es otra forma de referirse al petróleo. Contiene muchos compuestos de los que quizá hayas oído hablar. Entre ellos se encuentran la gasolina, el kerosene y los lubricantes. Los químicos han desarrollado métodos para convertir el petróleo crudo en todos estos materiales.

1839
Charles Goodyear descubre un proceso para fortalecer el caucho.

1859
Se perfora el primer pozo de petróleo en los Estados Unidos.

1889
Karl Benz desarrolla uno de los primeros carros que funcionan con gasolina.

1909
Se produce por primera vez amoníaco con el nitrógeno del aire. Más tarde se usará como fertilizante.

1911
Se inventa la palabra *vitamina*.

1928
Alexander Fleming descubre la penicilina.

1935
Se elabora la primera fibra de nylon.

Las sustancias químicas y la seguridad

Algunas sustancias químicas hacen que la vida sea menos peligrosa. Los científicos han aprendido a usar ciertas sustancias para matar los gérmenes que hay en el agua. Antes, muchas personas se enfermaban debido a los gérmenes del agua. Hoy en día, el agua es más segura gracias a sustancias como el cloro.

Sin embargo, cuando no se usan correctamente, las sustancias químicas pueden ser peligrosas. Debes leer los rótulos de advertencia de las sustancias químicas o de los productos que las contienen.

Muchos productos de limpieza tienen rótulos de advertencia.

La mayoría de los productos de limpieza tienen instrucciones para su uso correcto. Asegúrate de leerlas y seguirlas. Tal vez tengas que usar guantes para protegerte la piel o gafas para protegerte los ojos. Quizá tengas que abrir una ventana para que los gases peligrosos no se acumulen. Nunca debes mezclar productos de limpieza. Esto puede causar reacciones químicas muy peligrosas. Estas reacciones pueden hacer daño a los pulmones, producir quemaduras o explosiones.

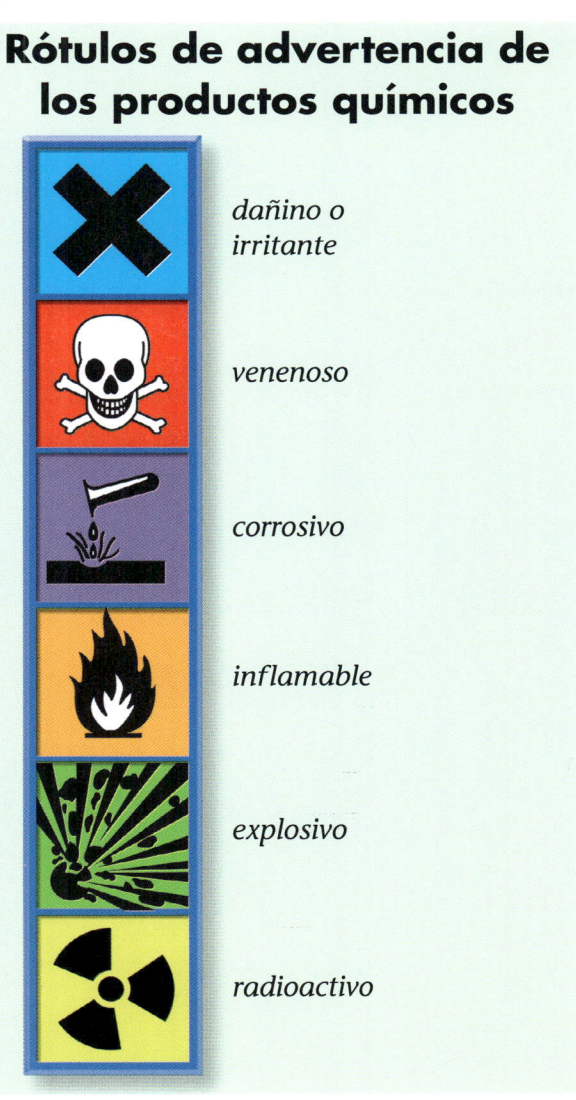

Glosario

cambio físico — cambio en la posición, el tamaño, la forma, el volumen o el estado de la materia

cambio químico — cambio que forma un nuevo tipo de materia

combustión — proceso químico que libera luz y calor; quema

ecuación química — forma resumida de escribir lo que sucede en una reacción química

polímero — molécula grande compuesta de muchas unidades idénticas unidas en largas cadenas

producto — sustancia nueva que resulta de una reacción química

reactivo — sustancia que se usa en una reacción química